STRATEGICA DI CRESCITA AZIENDALE

PICCOLE MIGLIORI IDEE DI BUSINESS PER I PRINCIPIANTI

Prof: Sehal Ahmad

Sommario:

Introduzione 6

Capitolo 1

Immagina la tua visione 7

Capitolo 2

Visione per agire 19

Capitolo 3

Piano di finanziamento prima dell'inizio dell'attività 43

Capitolo 4

Fai una passione 48

Capitolo 5

Creare una Nazione in crescita aziendale 55

Capitolo 6

Analisi di mercato per studiare la lotta nella crescita aziendale 61

Capitolo:7

A prova di proiettile le tue vendite 68

Il contenuto di questo libro non può essere riprodotto, duplicato o trasmesso senza il permesso scritto diretto dell'autore o dell'editore.

In nessun caso alcuna colpa o responsabilità legale potrà essere ritenuta nei confronti dell'editore o dell'autore, per eventuali danni, risarcimenti o perdite pecuniarie dovute alle informazioni contenute nel libro, direttamente o indirettamente.

Avviso legale:

Avviso di limitazione di responsabilità:

Si prega di notare che le informazioni contenute in questo documento sono solo a scopo educativo e di intrattenimento. È stato fatto tutto il possibile per presentare informazioni accurate, aggiornate, affidabili e complete. Nessuna garanzia di alcun tipo è dichiarata o implicita. I lettori riconoscono che l'autore non è impegnato nella fornitura di consulenza legale, finanziaria, medica o professionale. Il contenuto di questo libro è stato derivato da varie fonti. Si prega di consultare un professionista autorizzato prima di tentare qualsiasi tecnica descritta in questo libro.

introduzione

Le strategie di crescita sono importanti perché fanno lavorare la tua azienda verso pretese che vanno oltre ciò che passa nel momento della richiesta.

Mantengono sia i leader che i lavoratori concentrati e allineati e ti spingono a supporre a lungo termine.

Una dichiarazione di visione spiega cosa otterrebbe la tua azienda se non ci fossero muri. È una descrizione - per i tuoi investitori, azionisti, amici, ospiti e lavoratori - di dove potresti essere cinque, dieci o addirittura venti volte e dell'impatto che vorresti che la tua piccola impresa avesse sul mondo.

Allora, sei pronto a far crescere la tua attività e diventare una persona di successo?

Quindi, scorri verso l'alto e fai clic sul pulsante "Aggiungi al carrello" ora!

1: Immagina la tua visione:

Una dichiarazione di visione spiega cosa otterrebbe la tua azienda se non ci fossero muri. È una descrizione - per i tuoi investitori, azionisti, amici, ospiti e lavoratori - di dove potresti essere cinque, dieci o addirittura venti volte e dell'impatto che vorresti che la tua piccola impresa avesse sul mondo.

Ci deve essere stato un motivo per iniziare la tua particolare attività. Devi aver avuto un interesse, un'abilità o un motivo per iniziare a fare trading. E potresti sentire di poter gestire una piccola impresa, giorno dopo giorno, senza che la "fluffa di marketing" di una dichiarazione di visione si intrometta. Ma una dichiarazione chiara può aiutarti a fare quell'affare in due modi.

Una buona dichiarazione di visione ti aiuta ad articolare la forza trainante della tua attività. Una grande dichiarazione di visione motiva e ispira la tua piscina (e gli ospiti).

piuttosto che, ad esempio, affermare: "Voglio realizzare i tavoli per sale riunioni della più alta qualità, più popolari e splendidamente rifiniti nel Regno Unito", diresti: "Voglio creare un'azienda che aiuti le persone a riunirsi come compagni di lavoro. " È un senso di ferma direzione. È davvero concreto se è freneticamente ambizioso e aiuta tutti a capire dove stai andando, in modo che possano aiutarti ad arrivarci. Per gli investitori in particolare, una chiara dichiarazione di visione è un segno di particolare moralità e provocazioni per essere in affari.

Evoca grande. Immagina un mondo, tra 20 o 50 volte, che sia del tutto migliore in qualche modo. Supponiamo ora i modi in cui la tua azienda potrebbe aver contribuito a quel cambiamento. Come ti sembra quel mondo? Come vivono le persone altrimenti? Cosa produrrebbe o offrirebbe la tua attività come servizio e in che modo differisce da ciò che stai facendo in questo momento?

Questo non significa permettere inevitabilmente il tuo profitto e la tua perdita. Significa consentire su come potresti espanderti, sviluppare nuovi prodotti, arrivare al "numero osseo".

' nella tua richiesta, o ammettere il più alto numero di riconoscimenti in un settore. Annota esattamente ciò che ti distingue dai tuoi sfidanti: il tuo successo come proprietario di una piccola impresa dipende da te e dal tuo contributo alle operazioni dell'azienda.

Usa l'affare della tua sessione di scoperta per cristallizzare le tue pretese a lungo termine, la visione del tuo business. Non preoccuparti se all'inizio suona "troppo alto". E non preoccuparti di includere un elenco di punti specifici. Questo dovrebbe essere stimolante.

Le parole specifiche che scegli sono importanti perché producono significato ed emozione. Usa un linguaggio chiaro, conciso e privo di slang, ma insemina anche le tue sentenze o espressioni con passione e parole descrittive.

Lavora sulle variazioni della visione finché non riflettono la natura specifica della tua piccola impresa e del tuo plotone. La parte più difficile è scegliere una formulazione che definisca i tuoi valori senza sembrare troppo vaga.

Le dichiarazioni di intenti sono radicate nel presente e trasmettono agli stakeholder e ai membri della comunità perché a

l'attività esiste e dove si trova attualmente. Le dichiarazioni di visione non sono fondate e hanno lo scopo di ispirare e dare una direzione ai lavoratori.

"La visione riguarda le tue pretese per il futuro e come ci arriverai, mentre l'accusa riguarda dove sei ora e perché vivi", ha affermato Paige Arno-Fenn, autrice e CEO di suckers & captains, una società globale stabilimento di consulenza di marketing strategico. "

La visione dovrebbe motivare il plotone a fare la differenza e far parte di una merce più grande di loro. "

Le dichiarazioni di missione e le dichiarazioni di visione sono entrambe fondamentali per la costruzione di un marchio. "Mentre una dichiarazione di addebito si concentra sullo scopo del marchio, la dichiarazione di visione guarda al raggiungimento di tale scopo", ha affermato Jessica Honard, co-CEO di North Star Messaging Strategy, un'istituzione di copywriting e messaggistica che serve gli imprenditori.

Sebbene le dichiarazioni di carica e di visione dovrebbero essere i rudimenti fondamentali della tua associazione, una dichiarazione di visione dovrebbe fungere da luce guida della tua azienda.

"Una visione è aspirazione; un addebito è praticabile ", ha affermato Jamie Salkowski, direttore creativo della società di marketing e spedizioni Day One Agency.

Creare la dichiarazione di visione perfetta può sembrare invitante, ma non deve esserlo. Segui questi suggerimenti e pratiche eleganti quando lanci la tua dichiarazione di visione.

Non preoccuparti se ritieni che una breve dichiarazione di visione non esprima completamente le complicazioni della tua visione. Puoi produrre un'interpretazione più lunga, ma non dovrebbe essere l'osso.

Trasmetti al mondo.

Siamo onesti: la maggior parte dei leader aziendali, per non parlare dei consigli di amministrazione, non sarebbe adatta a sommare la propria visione in uno o due giudizi apotegmatici. Va bene ", ha affermato Shannon DeJong, titolare dell'agenzia di marchi House of Who. "Avere un'interpretazione completa della tua visione solo per gli occhi della leadership. supponiamo che la lunga interpretazione sia il tuo compagno di riferimento per spiegare perché sei in affari in primo luogo.

C'è una rapida ripartizione di cosa fare quando standardizzare la tua dichiarazione di visione

- Proietta da cinque a dieci volte nel futuro.
- evocare in grande e concentrarsi sul successo.
- Usa il tempo presente.

- Usa un linguaggio chiaro, conciso e privo di slang.
- inoculalo con passione e rendilo stimolante.
- Allinealo con i tuoi valori e le tue pretese aziendali.
- produrre un piano per comunicare la tua dichiarazione di visione ai tuoi lavoratori.
- Preparati a dedicare tempo e denaro alla visione che stabilisci.

La tua dichiarazione di visione completa dovrebbe offrire un'idea chiara del percorso futuro della tua azienda. Howard ha affermato che molti dei suoi ospiti hanno utilizzato le loro dichiarazioni di visione per dirigere i loro piani generali per il futuro. Ad esempio, hanno sposato una nuova impresa di marketing per avvicinarli alla loro visione, hanno ruotato la loro attenzione per riflettere facilmente la loro crescita richiesta o raddoppiato su un particolare aspetto del loro marchio che sta lavorando per servire la loro visione.

Determina dove apparirà la tua dichiarazione di visione e quale parte servirà nella tua associazione. Ciò renderà il processo più di un esercizio intellettuale, ha detto Shockley. Non ha senso appendere una dichiarazione di visione nella hall o promuoverla tramite i canali dei social media della tua azienda se non la integri in alcun modo autenticamente nella cultura della tua azienda.

“La dichiarazione aziendale della visione dovrebbe essere consentita

di come parte del tuo piano strategico ", ha detto Shockley. “È uno strumento di invio interno che aiuta ad allineare e ispirare il tuo plotone a raggiungere le pretese dell'azienda. "

Allo stesso modo, dovresti vedere una dichiarazione di visione come un documento vivente che sarà ridefinito e rivisto. Soprattutto, deve parlare direttamente con i tuoi dipendenti.

tuttavia, non sarai in alcun modo in grado di realizzarlo ", ha detto Keri Lindenmuth," se i tuoi lavoratori non accettano la visione. "La dichiarazione di visione dovrebbe essere un prodotto in cui credono i tuoi dipendenti. Solo loro faranno opinioni e adotteranno comportamenti che riflettono la visione della tua azienda".

Man mano che la tua attività cresce e si espande, riconsiderare la tua dichiarazione di visione può darti con percettività la direzione in cui sta andando la tua attività e se sei sulla strada giusta per raggiungere i tuoi obiettivi richiesti.

Puoi anche utilizzare la tua dichiarazione di visione nei tuoi accessori di marketing e promozionali, esponendola nella tua sede di attività, pubblicata sulla pagina Web aziendale/account di social media o incorporata come parte del tuo marchio aziendale.

Abbiamo spiegato il vero scopo della dichiarazione di visione in questa composizione, ma poi un rapido ricordo di ciò che stiamo cercando di ottenere con una dichiarazione di visione aziendale

Migliorare il processo decisionale impostando un 'limitatore' che ci aiuti a escludere intraprendenze strategiche e aperture che non siano in linea con le pretese aziendali a lungo termine.

Fai una breve dichiarazione su ciò che la nostra associazione sta cercando di ottenere per aiutare terze parti come investitori o media a capirci di più.

produrre una forte stella polare che possa guidare e motivare i lavoratori in periodi delicati, se presa sul serio.

Sviluppa una dichiarazione di visione coinvolgente che è uno dei rudimenti cruciali della fiorente cultura aziendale.

La linea più bassa è che una dichiarazione di visione non è solo un bello da avere. Dovrebbe essere incluso in ogni piano aziendale e discussione strategica, specialmente durante il processo di pianificazione strategica, per assicurare che l'associazione ei suoi dipartimenti rimangano allineati con la sua visione e non vengano distratti.

Tieni presente che la creazione della visione non inizia sedendoti dietro un ufficio e scrivendo nero su bianco. Contatta le parti interessate e i membri del plotone che svolgeranno un ruolo nella realizzazione della visione dell'azienda. Organizzare una fabbrica, o ulteriormente se necessario, per comunicare idee e raccogliere i loro feedback.

Questo toolkit con un modello e una cartella di lavoro può aiutarti con esercizi di brainstorming e navigare nell'intero processo.

Di conseguenza, l'inclusione di altre parti interessate nel processo di creazione della visione non solo produrrà idee, ma otterrà anche il consenso dal mattino poiché sarà anche la loro visione.

Quindi ci sono 8 suggerimenti per aiutarti a scrivere una dichiarazione di visione memorabile

Sii breve: massimo 2 sentenze. La tua dichiarazione di visione dovrebbe essere incisiva e facile da restituire.

Rendilo specifico per la tua attività e descrivi una crescita unica che solo tu puoi dare.

Scrivilo al presente.

Non usare parole suscettibili di interpretazione. Dire che massimizzerai il ritorno per gli azionisti nel 2022 non significa nulla se non specifichi cosa significa.

Semplice è elegante. C'è una tendenza per le persone a complicare eccessivamente gli effetti, ma dovresti rendere la tua visione abbastanza chiara da essere compresa sia dalle persone all'interno che all'esterno della tua associazione. Stai lontano da slang, presunzioni e parole d'ordine aziendali.

Dovrebbe essere abbastanza ambizioso da far agitare le persone, ma non così ambizioso da sembrare irrisolvibile da raggiungere.

Una dichiarazione di visione non è una cosa una tantum e dovrebbe evolversi con la tua attività. Quando fai un brainstorming sulla tua visione per il futuro, attieniti a un lasso di tempo di cinque volte. È un ambizioso fine cosa che è abbastanza avanti per lavorare, ma non troppo perché l'associazione perda concentrazione e impegno.

La visione dovrebbe essere in linea con i valori fondamentali della tua azienda. Approfondiamo i valori dell'azienda in questa composizione, ma quando hai creato i valori della tua azienda, dovresti rivedere la tua visione per vedere se è allineata.

2: Visione per agire:

Quando inizi a scrivere una dichiarazione di visione, considera come vuoi che le persone si sentano e come il mondo sarà un posto migliore quando la tua azienda seguirà la sua visione. supponiamo sui tuoi prodotti e servizi, su come stanno perfezionando il momento della vita delle persone e quale sarà l'effetto di ciò in futuro.

Quindi, non dovrebbe essere troppo vago o esoterico. Non dovrebbe essere un esercizio da crack box. Tuttavia anche questa è la ragione sbagliata, se stai scrivendo una dichiarazione di visione solo perché non ne hai ancora una. Dovrebbe essere scritto perché vuoi che il personale si impegni sullo stesso corridore motivato e stimolante, impegnato da una merce più grande di qualsiasi esistente, quindi vengono a lavorare con l'obiettivo di fare la differenza, non concedendo i loro fine settimana o pagando i loro mutui.

La dichiarazione di visione deve definire un mondo non ancora nato migliore; uno che la tua azienda può aiutare a realizzare.

tuttavia, vedi anche quanti membri del personale ne sono effettivamente a conoscenza e possono recitarlo, se esiste in precedenza una dichiarazione di visione. Più è breve e più conciso, meglio è perché deve essere prontamente compreso, riportato indietro e applicato.

Scrivere una dichiarazione di visione non deve essere una sfida; può essere un utile esercizio per definire il motivo per cui la tua attività sta facendo trading e il suo futuro. È un ottimo esercizio nel consentire merci diverse dal plutocrate e dai guadagni. Può aiutare a sintetizzare i tuoi ideali fondamentali e il tuo raziometro. Darà alla tua attività una direzione e una destinazione specifiche con un focus chiaro e una maggiore consonanza per una migliore cooperazione e collaborazione.

Nello scrivere una dichiarazione di visione, considera ciò che è unico o diverso in ciò che fai e rendilo il più mortale possibile, in modo che si colleghi al bisogno delle persone di avere uno scopo. Deve ispirare le persone ad alzarsi in una gelida mattinata di inattività, con 10 basi di neve all'aperto, e andare a lavorare.

Il casting di una dichiarazione di visione combina idee, creatività e studio approfondito. È elegante risalire al motivo per cui l'autore o gli autori hanno creato l'attività in primo luogo. La visione originale potrebbe essere cambiata, ma è comunque un buon punto di partenza. Quale occasione originale hanno identificato? Può darsi che i registi non siano i migliori fabbri di parole, quindi l'utilizzo di un copywriter creativo può aiutare a stuzzicare le parole in un modo più breve e coinvolgente.

Una dichiarazione di visione può essere prodotta come una comunicazione su videocassetta per coinvolgere e comunicare in un modo che funzioni meglio che incorniciarla e appenderla su una parete o una cartella dell'ufficio.

Tuttavia, vale anche la pena considerare il motivo e cambiarlo - o l'azienda per cui lavori, se la dichiarazione della visione non è motivante per te o per nessuno in modo diverso. Definisce il motivo per cui l'azienda esiste, quindi deve essere ambiziosa per motivare e ispirare tutti.

Dovrebbe produrre una solida immagine interna di ciò che la tua azienda farà per i tuoi ospiti in futuro. allo stesso modo, può aiutare a fornire indicazioni nella definizione dei valori dell'azienda.

La dichiarazione della visione deve andare oltre le semplici parole e un esercizio di pianificazione aziendale, deve essere trasformata in azioni, comportamenti e stazioni. La dichiarazione di visione non è merce da fare, spolverata e dimenticata come parte di una sessione strategica. Deve venire merce che cambia la mente delle persone, le fa rivedere e agire in modo congruente con essa. A questo proposito, rafforzerà la cultura aziendale. Quindi, scrivere la dichiarazione della visione è solo il 20% del lavoro, il resto è la glassa, è reso reale e realizzato.

Una dichiarazione di visione deve essere romantica, se non fa avanzare l'umanità in qualche modo, presumibilmente non vale la pena perseguirla e alla fine l'energia si dissiperà dalla compagnia e perderà trazione.

Una buona dichiarazione della visione può guidare l'invenzione e nuove idee mentre il personale diventa creativo nel pensare a modi per aiutare a realizzare la visione prima. Tuttavia, il tuo staff vorrà arrivarci prima, se è una destinazione chiara e stimolante.

Dovrebbe aiutare a creare brigate più forti poiché tutti hanno uno scopo comune.

Deve entrare a far parte della cultura aziendale e non solo essere messo in una cornice e lasciato su un muro. Come abbiamo detto, può essere utilizzato come strumento di invio per personale e direttori per aiutare a guidare le opinioni di pianificazione strategica.

Il tuo personale deve essere accolto nella dichiarazione della visione e sentire che fa parte delle proprie pretese e dei propri limiti.

È la cura per la cupa attenzione che numerose aziende hanno nel realizzare guadagni a breve termine. Le aziende dovrebbero chiedersi: questa strategia a breve termine ci aiuta a realizzare la visione a lungo termine della dichiarazione di visione o la indebolisce?

Una dichiarazione di visione è uno dei numerosi documenti aziendali che aiutano a definire lo scopo dell'azienda e quindi deve essere allineata con altri documenti aziendali, simili alla dichiarazione di addebito, alla strategia e ai valori fondamentali. È un documento importante e lo è anche il processo di stesura in quanto aiuta a definire la cultura dell'azienda. Non deve essere messo su una lapide, ma cambiarlo dovrebbe essere fatto solo quando necessario, in quanto rappresenta un bene in cui tutti i membri dell'azienda acquistano e credono.

Una dichiarazione di visione deve contenere quanto segue

Sii conciso, stimolante e fluentemente flashback.

Sii una merce con cui tutti possono relazionarsi che aiuterà a guidare il processo decisionale ogni giorno

Sii un motivo significativo per cui le persone vorranno entrare a far parte della tua azienda in primo luogo.

Sii specifico per la tua azienda, le tue pretese e i tuoi limiti, merce unica che definisce il tuo marchio

Ispira i lavoratori e invita nuovi ospiti a voler dare un'occhiata più da vicino alla tua azienda, anche se il marketing non è il suo scopo principale.

Non deve sembrare troppo remoto e intoccabile, altrimenti non sarà motivante o troppo facile da negoziare, poiché non ispirerà nessuno.

Dovrebbe adattarsi ai valori della tua azienda

Dovrebbe essere merce interessante, nuova e coinvolgente che induca le persone a supporre, ah sì, mi piace quell'idea, posso connettermi con quella

Relazionati con la tua richiesta, in modo che si colleghi a loro; bambini, uomini, donne, imprese, studiosi, ancora una volta, anche se il suo scopo principale non è la vendita

Tuttavia, la modalità funzionale e di sopravvivenza, solo superare i prossimi tre mesi o il tempo potrebbe essere l'unica precedenza, se la tua attività è veramente reattiva e costantemente nella lotta agli incendi. nulla sarà interessato alla dichiarazione di visione.

tuttavia, se la comunicazione è scarsa, la fiducia è bassa, se la cultura non è favorevole alla crescita a lungo termine. Saranno più interessati alla prossima rata del mutuo o all'occasione di lavoro.

forse la tua azienda non è guidata da una strategia d'insieme, e alcuni potrebbero dire che va bene come in questa composizione di Forbes, ma non va bene. Può funzionare a breve termine, ma non a lungo termine.

Sei mai stato coinvolto in un'associazione o un'impresa che non sembra negoziare in alcun modo veramente importante? Ad ogni modo, per quanto lavori duramente, vai in tondo. Il problema potrebbe essere che non hai deciso dove vuoi andare e non hai creato una tabella di marcia su come arrivarci. Dal punto di vista di un'associazione, il problema potrebbe essere che non ti stai fissando su ciò che vuoi ottenere e su come lo raggiungerai. Di seguito sono riportati una serie di modi o dichiarazioni su come dare una direzione alla tua associazione.

Il primo è una dichiarazione di visione. Fornisce una destinazione per l'associazione. La prossima è una dichiarazione di addebito. Questa è una luce guida su come arrivare a destinazione. Queste sono affermazioni critiche per l'associazione e le individualità che gestiscono l'associazione.

Visione: quadro generale di ciò che vuoi ottenere.

carica - Dichiarazione generale di come realizzerai la visione.

Una dichiarazione di accompagnamento spesso creata con la visione e la carica è una dichiarazione di valori fondamentali.

Valori fondamentali: come sopporterai durante il processo.

Una volta che hai collegato ciò che la tua associazione vuole ottenere (visione) e in generale come la visione sarà raggiunta (carica), il prossimo passo è sviluppare una serie di dichiarazioni che specifichino come la carica sarà impiegata per realizzare la visione

Strategie - Le strategie sono uno o ulteriori modi per utilizzare la dichiarazione di addebito al fine di raggiungere la dichiarazione di visione. Anche se un'associazione avrà solo una dichiarazione di visione e una dichiarazione di carica, potrebbe avere diverse strategie.

pretese – Queste sono dichiarazioni generali di ciò che deve essere soddisfatto per applicare una strategia.

oggetti: gli oggetti danno traguardi specifici con una sequenza temporale specifica per il raggiungimento di una cosa.

Piani d'azione – Si tratta di specifici piani di perpetrazione di come raggiungere un ideale.

Un'ulteriore discussione approfondita di queste affermazioni è presentata di seguito. Le dichiarazioni per un'attività di illustrazione vengono consegnate per spiegazione.

Dichiarazione di visione: un'immagine interna di ciò che si desidera negoziare o ottenere. Ad esempio, la tua visione potrebbe essere un'azienda vinicola di successo o una comunità economicamente attiva.

Visione di un'azienda esemplare: un'azienda lattiero-casearia familiare di successo.

Mission Statement - Una dichiarazione generale di come la visione sarà raggiunta. La dichiarazione di addebito è una dichiarazione di azione che generalmente inizia con la parola "a".

incaricato di un'azienda esemplare - Fornire prodotti lattiero-caseari unici e di alta qualità ai consumatori originali.

Valori fondamentali - I valori fondamentali definiscono l'associazione in termini di principi e valori che i leader seguiranno nello svolgimento del condizionamento dell'associazione.

Valori fondamentali dell'azienda di esempio

Concentrati su idee di business nuove e innovative

Pratica elevate norme etiche.

Rispettare e coprire il terreno.

Soddisfa le mutevoli esigenze e le sollecitazioni di ospiti e consumatori.

Le dichiarazioni di intenti e di carica sono importanti in modo che tutti coloro che sono coinvolti nell'associazione, compresi gli stakeholder esterni, capiscano cosa negozierà l'associazione e come sarà realizzato. In sostanza questo significa "tenere tutti sullo stesso corridore" in modo che ognuno "tiri nella stessa direzione".

C'è una stretta relazione tra la visione e la carica. Poiché la dichiarazione di visione è un'immagine interna statica di ciò che si desidera ottenere, la dichiarazione di addebito è un processo dinamico di come la visione sarà realizzata. Per produrre affermazioni di successo, dovresti tenere a mente le seguenti generalità.

Semplice – La visione e la carica guidano il condizionamento quotidiano di ogni persona coinvolta nel business. Le dichiarazioni di visione e carica dovrebbero essere semplici, concise e facili da restituire. Usa solo parole sufficienti per catturare la sostanza. Le dichiarazioni devono catturare la vera sostanza di ciò che la tua associazione o azienda realizzerà e come sarà raggiunto. Quindi le dichiarazioni di visione e carica dovrebbero essere un unico studio che può essere portato fluentemente nella mente. Questo rende facile per tutti i membri dell'associazione concentrarsi su di loro. Per testare l'efficacia delle tue affermazioni, chiedi ai leader, ai direttori e ai lavoratori di dirti la visione e la carica della loro organizzazione. Tuttavia, le affermazioni servono a poco, se non possono attualmente dirti sia la visione che la carica.

Ma ciò non significa che sarà facile produrre le dichiarazioni. Può sopportare più correnti d'aria. le affermazioni massime sono troppo lunghe. Le persone tendono ad aggiungere nuove informazioni e qualifiche alle affermazioni. generalmente le nuove informazioni confondono solo l'antologia e oscurano la sostanza della dichiarazione. Ogni stesura consecutiva della visione e della carica dovrebbe essere quella di semplificare e chiarire usando quante più parole possibili.

Processo fluido - Le dichiarazioni non sono "scolpite nella pietra tombale". Possono essere semplificati e modificati se l'associazione cambia focus. Spesso è bene scrivere le dichiarazioni, usarle per un certo periodo di tempo e anche ridefinirle per molti mesi o un po' di tempo di recente, se richiesto. Potrebbe essere più facile limitare il focus dell'affermazione in quel momento. Flashback, il motivo per cui stai scrivendo le affermazioni è per chiarire cosa stai facendo.

Associazioni uniche e complesse - In genere è più importante scrivere dichiarazioni per associazioni non tradizionali in cui lo scopo dell'associazione è unico. Lo stesso vale per le associazioni complesse dove può essere delicato vagliare fino alla sostanza dell'attualità dell'associazione.

Strategie, pretese, oggetti e piani d'azione

Dopo aver creato dichiarazioni di visione e carica, e presumibilmente valori fondamentali, puoi anche sviluppare le strategie, le pretese, gli oggetti e i piani d'azione richiesti per innescare la tua carica e realizzare la tua visione.

Strategie: una strategia è una dichiarazione di come otterrai la merce. Più specificamente, una strategia è un approccio unico di come utilizzerai la tua carica per realizzare la tua visione. Le strategie sono fondamentali per il successo di un'associazione perché è qui che inizi a delineare un piano per fare merce. Più unica è l'associazione, più creativo e innovativo devi essere nel lanciare le tue strategie.

pretese – Una cosa è un'affermazione generale di ciò che vuoi ottenere. Più specificamente, una cosa è uno o più angoli nel processo di applicazione di una strategia. esemplificazioni di pretese commerciali lo sono

Aumentare la periferia del profitto

Aumentare l'efficacia

Acquisisci una quota di richieste maggiore

offrire un servizio clienti migliore

Migliora l'allenamento della mano

Ridurre le migrazioni di carbonio

Assicurati che le pretese siano concentrate sugli aspetti importanti dell'applicazione della strategia. Fai attenzione a non avere troppe pretese o potresti correre il rischio di perdere la concentrazione. Inoltre, progetta le tue pretese in modo che non si contraddicano e non si intromettano l'una con l'altra. Una cosa dovrebbe soddisfare i seguenti criteri

Accessibile È espresso in modo semplice e facilmente comprensibile?

Adatto Aiuta a far rispettare una strategia di come la carica raggiungerà la visione?

rispettabile Si adatta ai valori dell'associazione e dei suoi membri lavoratori?

Flessibile Può essere acclimatato e modificato come richiesto?

oggetti - Un obiettivo trasforma l'affermazione generale di ciò che deve essere realizzato in un'affermazione specifica, quantificabile e sensibile al tempo di ciò che verrà raggiunto e quando sarà raggiunto. esemplificazioni di oggetti di business sono

Guadagnare almeno il 20% di rendimento post-servizio sul nostro investimento durante il prossimo periodo finanziario

Aumenta la quota di richieste del 10% nelle prossime tre volte.

Riduzione dei costi operativi del 15% nelle prossime due volte grazie al miglioramento dell'efficacia del processo di produzione.

Riduci il tempo di inversione delle chiamate delle richieste e delle domande dei clienti a non più di quattro ore.

gli oggetti devono soddisfare i seguenti criteri

Misurabile Cosa verrà raggiunto nello specifico e quando sarà raggiunto?

Adatto Si adatta come dimensione per raggiungere la cosa?

fattibile È possibile raggiungere?

Impegno Le persone si impegnano a raggiungere l'ideale?

Potere Le persone responsabili del raggiungimento dell'ideale sono incluse nel processo di definizione degli obiettivi?

Piani d'azione - I piani d'azione sono dichiarazioni di condotta o condizionamento specifici che verranno utilizzati per ottenere una cosa entro i limiti dell'ideale. esemplificazioni di piani d'azione all'interno dell'ambiente di pretese e oggetti sono

cosa, ideale, tabella del piano d'azione 1

I piani d'azione possono essere semplici dichiarazioni o piani aziendali completi e dettagliati in cui sono inclusi anche pretese e oggetti. I piani d'azione possono anche essere utilizzati per applicare un'intera strategia (chiamata pianificazione strategica).

Mettere tutto insieme

Per aiutarvi a comprendere la relazione tra ciascuna di queste affermazioni, vengono mostrate esemplificazioni di strategie, pretese, obiettivi e piani d'azione per un'associazione di imprese progettata per migliorare la frugalità pastorale attraverso lo sviluppo di imprese pastorali. Flashback, la visione è ciò che vuoi negoziare. La missione è una dichiarazione generale di come realizzerai la tua visione. Le strategie sono una serie di modi di utilizzare la carica per realizzare la visione. le pretese sono affermazioni di ciò che deve essere soddisfatto per applicare la strategia. gli oggetti sono comportamenti specifici e tempistiche per il raggiungimento della cosa. I piani d'azione sono comportamenti specifici che devono essere adottati per raggiungere i traguardi all'interno della sequenza temporale degli oggetti.

esemplificazioni

Conclusioni

Creare le dichiarazioni sopra descritte può sembrare un lavoro molto impegnativo. Ma queste affermazioni ti aiuteranno a concentrarti sugli aspetti importanti della tua associazione o attività. Tuttavia, possono far risparmiare plutocrate e tempo e aumentare le probabilità che la tua associazione o avventura imprenditoriale abbia successo, se fatta debitamente.

Pensa a queste dichiarazioni come a documenti viventi che possono cambiare man mano che cambiano i requisiti dell'associazione o dell'azienda. Troppo spesso queste affermazioni vengono trattate come "ossa iconiche" da conservare in un luogo sicuro. Ma se non li usi, hai perso tempo.

Creare una visione non è così complicato come potrebbe sembrare. Tutto si riduce a cambiare la tua mentalità e chiarire ciò che alla fine stai cercando nella tua vita e nel tuo lavoro. Dan Sullivan lo riduce a un semplice giudizio "Rendi sempre il tuo futuro più grande della tua storia".

Dimentica fantasiosi trucchi di marketing e nuove tecnologie; questa semplice mentalità è l'elegante strategia di crescita aziendale. È particolarmente importante celebrare e concentrarsi sul membro "più grande della tua storia". Per darti una direzione su ciò che vuoi fare in futuro, devi utilizzare i gesti di alfabetizzazione e crescita più importanti della tua storia.

Chiediti: "Qual è stata la mia più grande area di apprendimento negli ultimi 90 giorni?"

Pensa a quella specifica alfabetizzazione e tienila a mente durante la creazione della tua visione e la crescita della tua attività. Guardare indietro ai tuoi momenti più importanti di alfabetizzazione ti aiuterà sempre a dare indicazioni sul modo elegante per andare avanti e far crescere la tua attività.

L'elegante piano strategico di crescita aziendale è l'osso

che ti fa andare avanti. Tuttavia, continuerai a ottenere istigazione e far crescere la tua attività, se riesci a concentrarti sul rendere il tuo futuro più grande della tua storia.

Ma per quanto preziosa sia questa mentalità, non è relativamente sufficiente. Parliamo di come diventare un po' più strategici con la tua visione e perché è così importante per la crescita aziendale.

Come imprenditore, hai un'occasione unica per prepararti in modo frammentario. Puoi dare un servizio prezioso che non fa ossa

in modo diverso può offrire o un prodotto che eccelle sopra qualsiasi cosa diversamente sulla richiesta.

Puoi aiutare le persone in molti modi diversi, ma se vuoi davvero distinguerti dagli altri, dovrai essere strategico riguardo alla tua visione. Tuttavia, puoi effettivamente produrre un intero piano di crescita aziendale su carta, se riesci a diventare strategico e specifico al riguardo. La chiave è concentrarsi sulla crescita a lungo, medio e breve termine.

lanciati permettendoti come vorresti che fosse la tua vita tra 25 volte. Questo può andare ben oltre la crescita aziendale. Quali effetti ti rendono più felice nella vita? Qual è la cosa più importante per te? Cosa vuoi alla fine dalla tua attività e dalla tua vita? Scrivi questi effetti.

Successivamente, chiediti: "Cosa deve essere nelle prossime dieci volte per arrivarci? Non c'è quindi bisogno di produrre un elenco specifico di particolari dell'azione. Questo può ancora essere abbastanza generale e ampio.

Una volta che l'hai scritto, supponi cosa deve essere nelle prossime cinque volte per arrivarci. gli effetti dovrebbero essere sempre più palpabili allora. Questi sono i dettagli dell'azione che ti aiuteranno a redigere la tua effettiva strategia di crescita aziendale.

E continueremo ad andare oltre a breve termine Ora, supponiamo cosa deve essere nel prossimo tempo per arrivarci. È importante supporre sull'istigazione allora. Questi effetti non hanno bisogno di essere fatti nel tempo a venire; hanno solo bisogno di essere mescolati. Cosa deve essere avviato nel prossimo futuro per metterti in carreggiata con la tua strategia di crescita aziendale?

Alla fine, è il momento di supporre nell'estremo breve termine. Cosa deve essere nei prossimi tre mesi per mantenere la tua fiducia, concentrazione e chiarezza? Cosa deve essere in modo che tu possa continuare ad andare avanti e permetterti di lavorare verso gli effetti importanti che hai delineato in precedenza?

E inoltre, per fare un ulteriore passo avanti, cosa deve essere nella prossima settimana per arrivarci? Questi non saranno inevitabilmente direttamente correlati alla tua strategia di crescita aziendale e chiaramente non saranno direttamente correlati alle tue pretese di 25 volte. Raccomandiamo di fissare i cinque risultati più importanti per la prossima settimana.

Se hai scritto tutto questo, indovina un po'! Hai appena creato il tuo piano di crescita aziendale.

Ma questo non è un tipo di cosa fatta e finita. La vera crescita aziendale richiede una retrospezione costante. Le pretese e il modo per la crescita che hai delineato cambieranno nel tempo man mano che la tua attività cresce e cambia.

Napoleon Hill disse: "Qualsiasi idea, piano o scopo può essere posto nella mente attraverso la reiterazione dello studio. "

È importante continuare a tornare su questo documento mentre fai crescere la tua attività (e mentre cresci come imprenditore). Non solo gli effetti cambieranno, ma più rivedi questo documento, più ti verrà in mente.

Comprendiamo che creare la tua visione può essere delicato da fare da solo, motivo per cui è uno dei primi

effetti su cui ci concentriamo quando gli imprenditori si uniscono alla nostra comunità.

molti imprenditori non sentono di avere tempo da dedicare alla creazione della loro visione. Quando sei così concentrato sulla crescita della tua attività e sul mantenere il tuo plotone in carreggiata, l'idea di fare un passo indietro per supporre ciò che vuoi può sembrare ridicola.

Ma è importante ricordare in primo luogo perché sei diventato un imprenditore. Sì, devi far crescere la tua attività, ma devi anche concentrarti sulla sua crescita nell'attività che chiedi. A differenza delle persone estreme, hai la libertà di produrre la tua vita ideale. La tua crescita come imprenditore dovrebbe essere deliziosa! Dovresti divertirti a far crescere la tua attività.

Che ognuno inizia con una visione

Quando ho fatto la mia donazione TEDx sulla trasformazione, ho delineato tre fattori principali per lo sviluppo di un'impresa o di un'avventura di successo. Poiché il nome della mia azienda è Keep Allowing Big, questi tre fattori spiegano in modo accessibile BIG.

B – Credenze

Cosa credi di te stesso, del tuo plotone e del tuo prodotto o servizio. Questa è la tua visione e il tuo sogno.

I - Intenzionalità

Deve venire un momento in cui le nostre convinzioni hanno un impatto sulle nostre vite e entriamo in nuove aree per la prima volta. È qui che entra in gioco la strategia. Questo è il momento in cui passiamo dalla presentazione all'azione.

G - Crescita

Quando abbiamo le convinzioni, la visione e il sogno giusti mescolati con una strategia mirata per realizzarli, passiamo alla crescita. Vediamo e assistiamo alla crescita in un modo che non avevamo previsto.

Quando iniziamo a giocare alla GRANDE, abbiamo espedienti avanzati e prospettive di ciò che è possibile. Non rimaniamo solo nel "campo degli evocatori", ma lo viviamo e cresciamo in tutto ciò che possiamo.

3: Piano di finanziamento prima dell'inizio dell'attività

È richiesto il sostegno per avviare un'impresa e portarla alla redditività. Esistono diverse fonti da considerare quando si cerca il supporto per l'avvio. Ma prima devi considerare quanto sia importante il plutocrate di cui hai bisogno e quando ne avrai bisogno.

I requisiti fiscali di un'azienda variano a seconda del tipo e delle dimensioni dell'azienda. Ad esempio, le imprese di trasformazione sono generalmente feroci dal punto di vista del capitale, prendendo grandi quantità di capitale. Le imprese al dettaglio generalmente detengono un capitale inferiore.

Il debito e l'equità sono le due principali fonti di sostegno. Le sovvenzioni governative per finanziare alcuni aspetti di un'impresa possono essere un'opzione. Inoltre, gli impulsi possono essere disponibili per essere rilevati in determinate comunità o incoraggiare il condizionamento in particolare diligenza

Finanziamento azionario:

Equity Backing significa scambiare una parte del potere dell'impresa con un investimento fiscale nell'impresa. La quota di potere derivante da un investimento azionario consente all'investitore di partecipare ai guadagni della società. L'equità comporta un investimento infinito in una società e non viene rimborsata dalla società in una data successiva.

L'investimento dovrebbe essere debitamente definito in una realtà aziendale formalmente creata. Una partecipazione azionaria in una società può essere sotto forma di quote di classe, come nel caso di una società a responsabilità limitata o sotto forma di azioni ordinarie o privilegiate come in una pentola.

Le società possono stabilire diverse classi di azioni per controllare i diritti di voto tra gli azionisti. inoltre, le società possono utilizzare diversi tipi di azioni privilegiate. Ad esempio, gli azionisti comuni possono rimbalzare mentre gli azionisti privilegiati generalmente non possono farlo. Ma gli azionisti comuni sono gli ultimi in fila per i mezzi della società in caso di abbandono o rovina. Gli azionisti privilegiati ammettono una mancia destinata prima che gli azionisti comuni ammettano una mancia.

Capitale di rischio:

Il capitale dell'avventura si riferisce al sostegno che proviene da aziende o individualità nel settore degli investimenti in attività giovanili e intimamente detenute. Danno capitale alle imprese giovanili in cambio di una quota di potere dell'azienda. Le imprese di capitali avventurosi in genere non vogliono condividere il sostegno originale di un'azienda a meno che la società non abbia un'attività con una comprovata esperienza. Generalmente preferiscono investire in società che hanno inserito significative partecipazioni da parte degli autori e sono precedentemente redditizie.

Gli investitori di capitali avventurosi preferiscono anche le aziende che hanno un vantaggio competitivo o una proposta di valore forte sotto forma di un brevetto, una comprovata domanda per il prodotto o un'idea veramente speciale (e tutelabile). Spesso adottano un approccio pratico ai loro investimenti, assumendo la rappresentanza nel consiglio di amministrazione e occasionalmente l'assunzione di amministratori. Gli investitori di capitali avventurosi possono fornire preziose indicazioni e consigli aziendali. tuttavia, stanno cercando un ritorno sostanziale sui loro investimenti e i loro oggetti possono avere scopi incrociati con quelli degli autori. Sono spesso concentrati sul guadagno a breve termine.

Le imprese di capitali avventurosi sono generalmente concentrate sulla creazione di un portafoglio di investimenti di imprese con possibilità di crescita elevata che si esibiscono con tassi di rendimento elevati. Queste attività sono spesso investimenti ad alto rischio. Possono cercare rendimenti periodici di 25-30 sul loro portafoglio di investimenti complessivo.

Poiché si tratta generalmente di investimenti aziendali ad alto rischio, desiderano investimenti con rendimenti previsti pari o superiori a 50. Supponendo che alcuni investimenti aziendali restituiranno 50 o più, mentre altri falliranno, si spera che il portafoglio complessivo restituisca 25-30.

Più specificamente, numerosi plutocrati dell'avventura sottoscrivono la regola empirica del 2-6-2. Ciò significa che generalmente due investimenti produrranno rendimenti elevati, sei produrranno rendimenti moderati (o semplicemente restituiranno il loro investimento originale) e due falliranno.

Offerte di azioni:

In questa situazione, l'azienda vende azioni direttamente al pubblico. A seconda delle circostanze, le immolazioni azionarie possono raccogliere notevoli quantità di denaro. La struttura dell'immolazione può assumere numerose forme e richiede un'attenta supervisione da parte del legale rappresentante della società.

Società di finanza commerciale:

Le società finanziarie commerciabili possono essere prese in considerazione quando l'attività non è idonea a garantire il sostegno di altre fonti commerciabili. Queste società potrebbero essere più disposte a calcolare sulla qualità della garanzia per rimborsare il prestito rispetto al track record o alle sporgenze di profitto della tua attività. Tuttavia, una società finanziaria commerciabile potrebbe non essere il luogo elegante per garantire il sostegno, se l'azienda non dispone di mezzi o garanzie particolari sostanziali. Inoltre, il costo della società finanziaria plutocrat è generalmente superiore rispetto ad altri istituti di credito commerciabili.

4: Crea una passione:

Ci sono così tante persone che vogliono eliminare il modello di lavoro dalle 9 alle 5 a favore dell'essere un imprenditore. E perchè no? L'imprenditorialità è sexy in questo momento. Puoi guadagnare plutocrat essendo il tuo padrone e guadagnare molto mentre lo fai. Sembra la situazione ideale per chiunque voglia controllare il proprio lavoro mentre guadagna il plutocrate più importante possibile. se solo fosse così semplice.

Prima che ti aggrappi alla tua fantasia di credere che guadagnerai milioni di ossa la tua prima volta in affari, dovrai essere realistico su cosa significhi essere un imprenditore. Tenendo conto del fatto che il 67% delle piccole imprese fallisce la prima volta, dovrai essere veramente serio nell'essere un imprenditore se speri di avere successo. Ciò è dovuto al fatto che così tanti aspiranti imprenditori ipotizzano solo i prezzi di un'attività di successo, senza ammettere il processo necessario per produrre tali risultati. Non conta quanto speri per il successo se non puoi eseguire la condotta che ti aiuta a sviluppare un business di successo.

Questo passaggio mancante è il motivo per cui così tante piccole imprese falliscono nel loro primo periodo di attività. Non dovresti produrre un'attività solo perché vedi che qualcuno ha avuto successo in modo diverso gestendo la stessa attività. I loro risultati non ti garantiranno gli stessi risultati. Questo è il motivo per cui dovresti produrre solo un'attività che ti appassiona.

La passione è ciò che ti spinge ad avere successo perché sei completamente dedito a far funzionare la tua attività, indipendentemente da quanto difficile possa essere il processo. Molti aspiranti imprenditori non hanno passione per le loro attività. Non hanno davvero la passione per fare il plutocrate. A loro piace solo l'idea del successo. Senza avere una sorta di passione che ti guida, non sopravviverai come imprenditore perché la fatica di costruire un'impresa ti metterà a rischio emotivamente, mentalmente e fisicamente. Questo può essere davvero difficile da superare senza uno scopo o una passione che ti spinga avanti.

Prima di consentire l'avvio di un'attività, dovrai chiederti se conservi la passione necessaria per avere successo. mantenere un'attività non è come essere una mano e avere i tuoi compiti comandati in anticipo per te. Dovrai produrre le tue pretese che sono supportate dalla strategia e dall'impresa che progetti. inoltre è necessario eseguire questa strategia per farla funzionare. Come puoi vedere, non lavorerai solo 8 ore al giorno. Ti sembrerà di lavorare quasi 24 ore al giorno per far sì che la tua attività abbia successo. Ora chiediti se puoi mantenere questo tipo di patrimonio lavorativo 7 giorni su 7 fino a quando non avrai alla fine prodotto un'attività di successo. anche il lavoro non si ferma qui perché dovrai sostenere questo problema per mantenere un'attività di successo. Là'

tuttavia, dovrai essere appassionato del processo imprenditoriale, se il tuo obiettivo è produrre un'attività di successo.

Ecco 5 modi in cui la passione si tradurrà in un business di successo:

1: Gli investitori ti troveranno più attraente

Non conta quanto sia grande la tua idea imprenditoriale se non ci credi. Gli investitori ascoltano idee ogni singolo giorno da persone che credono di aver creato il prossimo Facebook o Snapchat. Questi investitori valutano sempre se stai solo sperando di essere fortunato seguendo un'idea che ha avuto un successo frenetico per qualcuno in modo diverso, o se stai perseguendo genuinamente un'idea di cui sei veramente appassionato. Quando insegui il successo degli altri, ti arrendi fluentemente quando i risultati che desideri non vengono ottenuti fluentemente. Questo rende gli investitori cauti perché non vogliono mettere il loro plutocrate nelle mani di coloro che si arrenderanno di fronte a un po' di opposizione. Questo è il motivo per cui gli investitori cercano la passione tanto quanto cercano un bene consentito

- un prodotto supportato da un forte modello di business.

2: La tua passione supererà la tua paura di fallire:

Sì, il fallimento è veramente reale e dovrebbe essere concesso. Quello che devi ricordare è che dovrai affrontare ostacoli e sfide lungo la strada, non importa quanto tu sia attento. Ciò che conta è quanto bene riesci a superare questi problemi per avere successo.

Tuttavia, anche tu non otterrai in alcun modo il successo che cerchi, se i piccoli effetti ti faranno alternare indovinare la tua decisione di diventare un imprenditore. Dovrai bloccare la paura del fallimento e concentrarti solo sulla produzione di risultati positivi per mantenere i tuoi studi positivi.

3: Avrai la motivazione per perseverare:

La creazione di un'impresa è un'offerta scoraggiante. Non ci sono corsie per il successo, il che significa che devi sopportare lunghi giorni e lunghe notti fino a quando i tuoi sudori alla fine non ti ripagheranno. Ci sono solo veramente molte persone che possono sostenere una posizione di concentrazione così sposata, specialmente quando non c'è diletto immediato in atto. Ciò significa che potresti passare letteralmente volte senza essere pagato perché il plutocrate generato dalla tua attività viene reinvestito nell'incubazione della sua crescita.

Un simile pensiero a lungo termine è tipico degli imprenditori appassionati e di successo. Cavalcano le tempeste della vita di un imprenditore di buon umore, restano più a lungo, lavorano di più e fanno quel nuovo viaggio per incontrare un investitore implicito o un cliente. Persistono. La vera passione si mostra nel modo in cui affronta le sfide e nel modo in cui si è preparato per sfide simili.

4: I clienti apprezzeranno la tua integrità:

Gli ospiti noteranno quando stai cercando di vendere il tuo prodotto per disperazione o semplicemente per il plutocrate, piuttosto che per passione per un grande risultato ai loro problemi. Quando non hai speranza di fare uno scambio, significa che non hai una base di clienti attiva, il che farà domandare ai potenziali clienti perché è così. I loro studi saranno o che il tuo prodotto non vale la pena di essere acquistato o che il tuo servizio clienti allontana gli ospiti. Ad ogni modo, queste sono comprensioni negative che ti renderanno difficile fare uno scambio.

Il modo elegante per acquisire ospiti è credere davvero e avere una passione per l'arredamento di risultati unici per i problemi dei tuoi ospiti. Quando lavori per capire quali sono i loro problemi e produci risultati personalizzati per risolvere i loro problemi, scoprirai che le persone sono in gran parte positive riguardo all'essere il tuo cliente.

5: Ti stai assicurando un successo a lungo termine:

Quando mantieni la passione per la tua attività, il suo successo è il tuo obiettivo principale. Ciò significa che lavorerai senza vita per produrre un prodotto richiesto dai tuoi ospiti target. Lavorerai per fornire l'elegante servizio clienti che mantenga i tuoi ospiti viventi devoti alla tua attività. Il tuo intero obiettivo è produrre successo a lungo termine per la tua azienda, piuttosto che trasmettere risultati a breve termine che non possono in alcun modo essere riconquistati.

supponiamo dell'idea imprenditoriale che hai in mente. Sei disposto a lavorare giorno e notte per periodi fino a quando la tua attività alla fine non assomiglia alla visione nella tua mente? La tua passione dovrebbe spingerti a superare, non importa quanto delicato possa essere il viaggio verso il successo. Potrebbe sembrare che non ne valga la pena mentre sei immerso fino alle ginocchia nel processo per arrivarci, ma le reti alla fine giustificheranno i problemi che hai dovuto sopportare e le offerte che hai fatto.

5: creare una nazione in crescita aziendale:

La cultura aziendale è uno degli aspetti più importanti dello sviluppo di un'azienda. Le aziende crescono quando abbracciano una cultura di invenzione, creatività e collaborazione.

La cultura non è solo un'aggiunta alla tua attività, è la vera base su cui costruisci tutti gli altri aspetti della tua azienda. i lavoratori devono capire in che modo il loro lavoro contribuisce al successo dell'associazione e sentirsi autorizzati ad affrontare le insidie senza timore di rappresaglie.

Molte aziende non capiscono perché la cultura sia importante e, analogamente, non dedicano abbastanza tempo o energia alla coltivazione della propria cultura. In questo post, spiegheremo come coltivare la cultura della tua azienda per far crescere la tua attività.

Espansione del mercato

La strategia di crescita alternativa è richiedere l'espansione. Per perseguire l'espansione delle richieste, un'azienda deve prima identificare le nuove richieste che può potenzialmente inserire.

Sviluppa anche prodotti o servizi che fanno appello a queste nuove richieste e lavora per conquistare ospiti in questi mercati. Tuttavia, devono

Se un'azienda sceglie di impegnarsi in questa strategia.

Inserisci nuove richieste geografiche

Inserisci nuove parti del cliente all'interno delle richieste

Sviluppare nuovi canali di distribuzione.

Sviluppo del prodotto

Quando si impegna nello sviluppo del prodotto come strategia di crescita prescelta, un'azienda deve prima identificare implicitamente nuovi prodotti o servizi che potrebbe offrire.

Ciò richiede un investimento minore in quanto un'azienda può inserire ulteriori plutocrati nei suoi dipartimenti di ricerca e sviluppo, nonché un'ulteriore cultura ambiziosa all'interno dell'establishment.

Crescita guidata dal prodotto

Le società con crescita guidata dal prodotto sono quelle che crescono principalmente attraverso l'abbandono e l'espansione del loro prodotto, piuttosto che attraverso altri canali simili come il marketing o lo sviluppo del business.

In numerosi casi, le aziende in crescita guidata dal prodotto hanno un modello freemium, in cui il prodotto principale viene offerto gratuitamente e nuove funzionalità o servizi vengono addebitati.

Ci sono molte caratteristiche cruciali che definiscono un'azienda in crescita guidata dal prodotto

Il prodotto è il motore principale della crescita

Il prodotto è offerto gratuitamente o ha un modello freemium

L'azienda si concentra sull'adesione di stoner piuttosto che sulla crescita dei profitti

L'azienda fa molto affidamento sul passaparola e sul marketing virale

L'azienda ha una forte attenzione alla fidelizzazione e al coinvolgimento

Ci sono numerosi esempi di aziende che hanno utilizzato con successo una strategia di crescita guidata dal prodotto per raggiungere la scala.

Slack, la piattaforma di invio aziendale, è una delle esemplificazioni più note. Slack è cresciuto da zero a 10 milioni di drogati in soli 18 mesi, in gran parte grazie al passaparola e al marketing virale.

Ora che abbiamo spiegato come le aziende possono crescere, analizziamo i vantaggi di una forte cultura su un'azienda e come può effettivamente portare alla crescita.

Livelli di stress ridotti

La cultura non è solo fondamentale per il modo in cui le persone lavorano insieme, ma influisce anche sul benessere delle mani, sia fuori che fuori dall'ufficio. Una cultura forte può aiutare a ridurre lo stress e aumentare la produttività, consentendo così di organizzare riunioni ed eventi di lavoro di maggior successo.

Comprendere la cultura aziendale

La consapevolezza della cultura commerciale o organizzativa nelle imprese e in altre associazioni simili alle università è emersa negli anni '60. Il termine "cultura commerciale" si è sviluppato all'inizio degli anni '80 ed è diventato ampiamente conosciuto negli anni '90. La cultura commerciale era usata in quei tempi da direttori, sociologi e altri accademici per descrivere il carattere di un'azienda.

Importanza della cultura aziendale

Una cultura aziendale attentamente ponderata, persino innovativa, può elevare le aziende al di sopra dei loro concorrenti e sostenere un successo duraturo. Una tale cultura può:

- Fornire un ambiente di lavoro positivo
- Creare una forza lavoro impegnata, entusiasta e motivata
- Attira dipendenti di alto valore
- Ridurre il fatturato

- Promuovi e migliora la qualità delle prestazioni e la produttività
- Risultato in risultati di business favorevoli
- Sostenere la longevità di un'azienda
- Rafforzare il ritorno sull'investimento (ROI)
- Fornire un implacabile vantaggio competitivo
- Chiarire per i dipendenti gli obiettivi delle loro posizioni, dipartimenti e un'azienda in generale

6: Analisi di mercato per studiare la lotta nella crescita aziendale:

Un'analisi delle richieste può aiutarti a identificare come posizionare maggiormente la tua attività per essere competitiva e servire i tuoi ospiti.

1. Un'analisi della richiesta è una valutazione approfondita di una richiesta all'interno di una specifica assiduità.
2. Un'analisi delle richieste ha numerosi vantaggi, come la riduzione del rischio per la tua azienda e una migliore informazione delle tue opinioni aziendali.
3. Ci sono sette modi per condurre un'analisi della richiesta.
4. Questa composizione è per i possessori di attività commerciali che vogliono sapere perché dovrebbero condurre un'analisi della richiesta e come farlo.

Comprendere la tua base di clienti è uno dei primi modi cruciali per il successo negli affari. Senza sapere chi sono i tuoi ospiti, cosa vogliono e come vogliono ottenerlo da te, la tua azienda potrebbe avere difficoltà a elaborare una strategia di marketing efficace. È qui che entra in gioco un'analisi della richiesta. Un'analisi della richiesta può essere un processo che richiede tempo, ma è semplice e facile da eseguire da solo in sette modi.

Cos'è un'analisi di mercato?

Un'analisi della richiesta è una valutazione approfondita di una richiesta all'interno di una specifica assiduità. Studierai le dinamiche della tua richiesta, simili come volume e valore, parti implicite del cliente, modelli di acquisto, concorrenza e altri fattori importanti. Un'approfondita analisi di marketing dovrebbe rispondere alle seguenti domande

1. Chi sono i miei ospiti impliciti?
2. Quali sono le abitudini di acquisto dei miei ospiti?
3. Quanto è grande la mia richiesta target?
4. Quanto sono importanti gli ospiti disposti a pagare per il mio prodotto?
5. Chi sono i miei principali sfidanti?
6. Quali sono i punti di forza e i peccati dei miei sfidanti?

Quali sono i vantaggi di eseguire un'analisi di marketing?

Un'analisi di marketing può ridurre la minaccia, identificare le tendenze emergenti e aiutare a progettare il profitto. Puoi utilizzare un'analisi di marketing in diverse fasi della tua attività e può essere salutare eseguirne una ogni volta per tenerti aggiornato su eventuali modifiche importanti nella richiesta.

Un'analisi dettagliata della richiesta farà generalmente parte del tuo piano aziendale, poiché ti offre una minore comprensione del tuo seguito e della concorrenza. Questo ti aiuterà a fare un'ulteriore strategia di marketing mirata.

Questi sono alcuni altri importanti vantaggi di condurre un'analisi di mercato:

- Riduzione delle minacce Conoscere la tua richiesta può ridurre le insidie nella tua attività, poiché avrai una comprensione delle principali tendenze delle richieste, i principali attori della tua assiduità e ciò che serve per avere successo, tutto ciò informerà le tue opinioni aziendali. Per aiutarti a coprire ulteriormente la tua attività, puoi anche condurre un'analisi geek, che identifica i punti di forza, i peccati, le aperture e le insidie per la tua attività.

- Prodotti o servizi mirati Sei in una posizione molto migliore per servire i tuoi ospiti quando hai una solida comprensione di ciò che stanno cercando da te. Quando sai chi sono i tuoi ospiti, puoi utilizzare queste informazioni per adattare le immolazioni della tua attività alle esigenze dei tuoi ospiti.
- Tendenze emergenti Rimanere all'avanguardia negli affari spesso significa essere i primi a individuare una nuova occasione o tendenza e l'utilizzo di un'analisi di marketing per rimanere al passo con le tendenze dell'assiduità è un ottimo modo per posizionarsi per trarre vantaggio da queste informazioni.
- protrusioni di profitto Un cast di richiesta è un elemento cruciale delle massime analisi di marketing, in quanto proietta le figure, le caratteristiche e le tendenze non nate nella tua richiesta target. Questo ti dà un'idea dei guadagni che puoi anticipare, permettendoti di adattare di conseguenza il tuo piano aziendale e il tuo budget.
- Punteggi di valutazione Può essere delicato valutare il successo della tua attività al di fuori delle cifre pure. Un'analisi delle richieste fornisce voti o indicatori di prestazioni cruciali rispetto ai quali puoi giudicare la tua azienda e quanto bene stai facendo rispetto ad altri nella tua assiduità.
- ambiente per una volta errori di calcolo L'analisi di marketing può spiegare gli errori di calcolo o

le anomalie di assiduità della storia della tua azienda. Ad esempio, l'analisi approfondita può spiegare cosa ha influito sul commercio di un prodotto specifico o perché una determinata metrica ha funzionato in quel modo. Questo può aiutarti a evitare di ripetere quegli errori di calcolo o di superare anomalie analoghe, perché sarai in grado di sezionare e descrivere cosa è andato storto e perché.

- Ottimizzazione del marketing È qui che torna utile un'analisi di marketing periodica: un'analisi regolare può informare i tuoi sforzi di marketing in corso e mostrarti quali aspetti del tuo marketing devono funzionare e quali stanno funzionando bene rispetto alle altre società nella tua assiduità.

Come condurre un'analisi di mercato

Sebbene condurre un'analisi di marketing non sia un processo complicato, richiede molta esplorazione dedicata, quindi preparati a dedicare molto tempo al processo.

Questi sono i sette modi di condurre un'analisi della richiesta:

Determina il tuo scopo:

Esistono numerosi motivi per cui potresti condurre un'analisi della richiesta, ad esempio per valutare la concorrenza o per comprendere una nuova richiesta. Qualunque sia la tua ragione, è importante definirla fin nei minimi dettagli per tenerti in carreggiata durante tutto il processo. Inizia decidendo se il tuo scopo è interno, come perfezionare il flusso di cassa o le operazioni commerciali, o esterno, come cercare un prestito aziendale. Il tuo scopo imporrà il tipo e la quantità di esplorazione che farai.

Studia lo stato del settore.

Mappa una figura dettagliata dello stato attuale della tua assiduità. Includi dove sembra andare l'assiduità, utilizzando criteri simili come dimensioni, tendenze e crescita prevista, con abbondanza di dati a supporto delle tue scoperte. Puoi anche condurre un'analisi della richiesta relativa per aiutarti a trovare il tuo vantaggio competitivo all'interno della tua specifica richiesta.

Identifica il tuo cliente target.

Non tutti nel mondo saranno tuoi clienti e sarebbe una perdita di tempo cercare di attirare l'interesse di tutti sul tuo prodotto. piuttosto, usa un'analisi della richiesta target per decidere chi è più probabile che desideri il tuo prodotto e concentrare lì i tuoi sudori. Vuoi capire le dimensioni della tua richiesta, chi sono i tuoi ospiti, da dove vengono e cosa potrebbe influire sulle loro opinioni di acquisto. Per fare ciò, guarda fattori demografici come questi

- Età
- Genere
- posizione
- Occupazione
- Formazione scolastica
- Esigenze
- Interessi

Durante la tua esplorazione, potresti prendere in considerazione la creazione di un profilo cliente o di una persona che rifletta il tuo cliente ideale per fungere da modello per i tuoi sforzi di marketing

Comprendi la tua concorrenza.

Per avere successo, hai bisogno di una buona comprensione dei tuoi sfidanti, incluso il loro acromatismo di richiesta, cosa fanno oltre a te e i loro punti di forza, peccati e vantaggi nella richiesta. Inizia elencando tutti i tuoi principali sfidanti, passa anche attraverso quell'elenco e conduci un'analisi geek di ogni contendente. Cosa ha quell'attività che tu non hai? Cosa porterebbe un cliente a scegliere quell'attività rispetto alla tua? Mettiti nei panni del cliente.

inoltre, classifica il tuo elenco di sfidanti dal più alto al meno sospeso e decidi una sequenza temporale per condurre analisi geek periodiche sui tuoi sfidanti più minacciosi.

7: A prova di proiettile le tue vendite:

I piani di affari sono essenziali per qualsiasi azienda che voglia diventare plutocratica e raggiungere le sue pretese. Ma troppo spesso, inoltre, i piani di affari mancano o vengono eseguiti in modo inadeguato. Ciò è generalmente dovuto al fatto che sono visti come lunghi e delicati da mettere insieme. tuttavia, con il giusto approccio, la creazione di un piano di offerte può essere facile e davvero piacevole! Quindi ci sono 10 modi tattici per produrre un modello di piano di affari a prova di proiettile

Che cos'è un modello di piano di offerte

Un modello di piano di affari è un documento che delinea le pretese e gli obiettivi di un plotone di affari o di un singolo venditore. Il modello generalmente include sezioni sull'analisi delle richieste, ospiti target, strategie di offerte e vaticinatori di offerte.

1. Stabilisci pretese di accordi realistici

Prima di parlare di come farai affari, parliamo di pretese.

Il tuo modello di offerte ha bisogno di una cosa finale. Devi impostare un numero, che si tratti di affari, ospiti o un'altra metrica, che ti aiuterà a determinare il successo del tuo piano. Senza questo elemento cruciale, sarà delicato tenere traccia dei progressi e apportare le modifiche necessarie lungo il percorso.

Stabilire pretese raggiungibili, ma estenuanti, per il tuo plotone è uno degli effetti più importanti che puoi fare come direttore degli affari.

Quando crei il tuo primo documento di pianificazione delle offerte, è normale sbagliarsi su alcune delle tue ipotesi e sporgenze. Assicurati di modernizzare ciò che deve essere semplificato quando è il momento di modernizzare il tuo documento.

È importante modernizzare e rivedere i processi delle trattative come richiesto. In questo modo, puoi migliorare la sua efficacia.

2. Definisci chiaramente le scadenze e i punti salienti

L'unico modo per sapere con certezza se le tue ipotesi sul tuo piano di affari sono sulla buona strada è scomporre quella grande cosa in pretese inferiori con tempistiche prestabilite.

I punti salienti delle offerte sono punti nel processo delle offerte in cui effettui il check-in per vedere se hai raggiunto la tua quota.

La creazione di pretese chiare e raggiungibili è essenziale per qualsiasi processo di affari di successo. Queste pretese e le relative tempistiche dovrebbero essere estenuanti ma realistiche. Dovrebbero essere approfonditi in modo completo e cortese e dovrebbero essere creati in modo da motivare i tuoi venditori.

lanciati dando un'occhiata ai numeri delle offerte del tuo tempo precedente (se possibile). Successivamente, confronta queste cifre con la parità di assiduità per vedere come ti muovi. Questo dovrebbe darti un'idea di quanto grande sia l'aumento che devi raggiungere per raggiungere le tue pretese mensili.

Chiedi ai membri del tuo plotone cosa fanno durante la settimana lavorativa. Scopri quante ore dedicano alle trattative, al sondaggio e alla chiusura delle trattative. Vedi se hanno del tempo libero durante la settimana che possono dedicare a ulteriori compiti.

Questo darà una vera e propria sapienza in prima linea nell'impostare le tue pretese di accordi.

Quindi, imposta le tue pretese e le tempistiche. Questi dovrebbero essere veramente specifici e dovrebbero includere un periodo di tempo. In questo modo, puoi tenere traccia dei tuoi progressi e assicurarti di raggiungere i tuoi obiettivi in tempo.

3. Scegli una nicchia su cui concentrarti

La "nicchia" di un'azienda è l'area che riempie, non solo con i suoi prodotti o servizi, ma con i suoi contenuti, la cultura aziendale, il marchio e la comunicazione. Definisce come un'azienda viene percepita allo stesso modo dagli ospiti e dagli sfidanti.

In qualità di imprenditore e investitore, Jason Zuck, sottolinea "Quando cerchi di essere tutto per tutti, finisci per non essere niente per nessuno".

Prima di chiedere davvero a un potenziale cliente di diventare tuo cliente, aggiungi valore alla sua vita.

Maggiore è l'esposizione che puoi ottenere nella tua particolare nicchia, maggiore è la probabilità che tu raggiunga le tue pretese e i tuoi obiettivi nel tuo piano aziendale.

fissarsi su una singola richiesta di nicchia non significa che non puoi far crescere la tua attività. Inizia fissando un solo prodotto o servizio nella tua nicchia ed espandi anche in una richiesta quasi affiliata. Questo può aiutarti a ottenere una migliore visibilità e aumentare le tue possibilità di raggiungere le tue pretese di affari.

Puoi inviare le tue maioliche lavorate a mano o puoi iniziare un conglomerato di centrini.

O mestoli personalizzati?

Una richiesta di nicchia non è limitante. È concentrato.

4. Conosci il tuo pubblico target

Non sprecare il tuo tempo o il plutocrate inseguendo cattive aperture. Non lasciare che trovino la loro strada nel tuo canale.

Una volta che hai collegato il tuo cliente ideale, è importante fare un'esplorazione quanto più importante possibile su di lui.

Quindi, cosa dovresti includere esattamente sul tuo cliente target nel tuo piano aziendale?

Dipende dalla tua attività e dal tuo campo, ma inizia con alcuni dettagli generali come il numero di dipendenti, la posizione e l'assiduità in cui lavori. Inoltre, includi i tratti comuni dei tuoi migliori ospiti o il tipo di cliente che vorresti attirare.

Non dimenticare di considerare se si adatteranno bene.

Un processo di qualificazione del lead delle offerte aiuta il tuo plotone di offerte a capire quali ospiti vale la pena perseguire e quali ossa

non sono.

Dopo aver collegato i tipi di aziende che desideri comunicare, inizia a sondarli. Scopri dove si trovano online, quali tipi di pubblicazioni leggono e dove vanno in rete.

Una volta che sai dove trascorrono il loro tempo, è il momento di capire cosa guardano. Quali sono i loro punti dolenti? Cosa vogliono ottenere? Cosa apprezzano? Cosa li motiva?

Mettiti nei panni del tuo cliente.

5: Crea un elenco di potenziali clienti

Ora che hai collegato il tuo cliente ideale, è il momento di produrre un elenco a cui vendere presso quelle aziende.

Un elenco di prospezione è la parte del nostro processo di affari in cui prendiamo l'esplorazione e la proposta dalle sezioni precedenti e le mettiamo in pratica.

Un database di ospiti impliciti è il fondamento di qualsiasi strategia di affari di successo. La creazione di questo database può richiedere molto tempo, ma è assolutamente fondamentale.

Usa il tuo personaggio cliente per trovare gli ospiti ideali

Per creare un elenco di obiettivi di offerte implicite, inizia sondando gli ospiti ideali. Puoi utilizzare strumenti come Linkedin, gruppi di networking originali e Google per saperne di più sulla tua azienda target.

Concentrati su 5-10 persone in ciascuna azienda.

Raggiungendo più di un potenziale cliente, aumenti le probabilità di raggiungere la persona giusta. Inoltre, entrando in contatto con più persone, aumenti la possibilità che una di loro ti metta in relazione con la persona con cui stai cercando di comunicare.

Una volta che hai il tuo elenco di lead, è importante tenere traccia di come imposti ogni potenziale cliente. Un sistema CRM può aiutarti a mantenere le informazioni letterali, aiutare i sudori indistinguibili se lavori come parte di un plotone di affari e polarizzare i dati dei tuoi clienti.

La vera ragione per avviare un'impresa è vendere un prodotto o un servizio. La cosa sorprendente, tuttavia, è che le migliori aziende tendono a concentrarsi sullo sviluppo del prodotto e sulle strategie di marketing, trascurando la necessità di prendere in prestito una strategia di affari. Mentre questi due sono importanti per assicurarti di avere prodotti da vendere e le persone sono preoccupate per la tua attività, rischi di perdere buoni guadagni se garantisci una strategia di affari.

perfettamente, una buona strategia di affari spiega le tattiche che utilizzerai per acquisire nuovi ospiti, vendere ulteriori prodotti e servizi e rafforzare il rapporto con l'essere ospiti. Tutti e tre sono fondamentali se

devi aumentare i tuoi guadagni che porteranno la tua attività alla posizione imminente.

Con questo in mente, allora ci sono 5 motivi per cui è importante avere una strategia di affari in atto per la tua azienda.

Conclusione

Dai punti seguenti, puoi facilmente dire che preparerai la tua attività al fallimento se garantisci una buona strategia di affari. Quindi, scendi definendo le pretese delle tue offerte, il viaggio degli ospiti prima e dopo lo scambio e i modi per migliorare la soddisfazione del cliente tra gli altri aspetti applicabili alla negoziazione dei tuoi prodotti. Inoltre, includi risultati praticabili che ti aiuteranno a raggiungere quelle pretese.

www.ingramcontent.com/pod-product-compliance
Lightning Source LLC
Chambersburg PA
CBHW071140220526
45467CB00015B/1569
9798377010623